Heiderose und Andreas Fischer-Nagel

Das Storchenjahr

Verlag Heiderose Fischer-Nagel

Unseren Kindern Tamarica und Cosmea Desirée

Besonders herzlich danken wir Gisela und Werner Müller
in Schobüll, die uns das Ausschlüpfen des Storches
fotografieren ließen.
Ebenso gilt unser Dank Herrn Max Bloesch und
seinen Mitarbeitern in Altreu/Solothurn, die uns mit Rat
und Tat auf ihrer Storchenstation zur Seite standen.

Deutscher Jugendliteratur Preis

Auswahlliste

2. Auflage 2015
© 2011 Verlag Heiderose Fischer-Nagel,
Brunnenstraße 7, D-34286 Spangenberg
Tel.: 05663/280, FAX: 05663/6562
e-Mail: fischer-nagel@t-online.de URL: www.fischer-nagel.de
Alle Rechte, auch die der Bearbeitung oder auszugsweisen Vervielfältigung
gleich durch welche Medien, vorbehalten.
Foto Seite 25 oben rechts: Klaus Bogon, Kassel
Foto auf Seite 46-47: Dr. Diethelm Rabe, Bobingen
Alle übrigen Fotos und Layout: Andreas Fischer-Nagel
Druck: INTERAK, Czarnków, Poland

ISBN: 978-3-930038-19-0

Dass nicht der «Klapperstorch» die Babys bringt, weiß heute jedes Kind. Doch wer weiß schon, wie unser Storch wirklich lebt? Wir kennen diesen großen Vogel mit den langen, roten Stelzbeinen, dem langen, roten, spitzen Schnabel und dem schwarz-weißen Gefieder meistens nur aus Fabeln und Märchen. In der Natur sehen wir ihn leider nur noch selten. Eigentlich war «Adebar», wie der Storch auch oft genannt wird, von Natur aus ein Waldvogel. Doch schon vor sehr langer Zeit schloss er sich den Menschen an. Bald baute er seinen Horst - sein Nest - auf den Dächern und Schornsteinen der Häuser. Die Menschen sahen ihn, wie es uns die Sage überliefert hat, als «Glücksbringer» immer gern. Auch heute gibt es wohl keinen Tierfreund, der den Weißstorch nicht gerne sehen und beobachten würde. Doch das ist kaum noch möglich: Der Storch ist seltener und seltener geworden, sodass er bei uns schon vom Aussterben bedroht ist. Das kommt daher, dass er auf unseren Wiesen immer weniger Nahrung findet: Die Wiesen sind zu trocken um zum Beispiel Fröschen einen Lebensraum bieten zu können. Jeder weiß aber, dass ein Storch Frösche fängt und verspeist. Auch die vielen Hochspannungsleitungen und die riesigen Fabrikschornsteine in unserer Landschaft gefährden den Weißstorch. Sie sind ihm bei seinen Flügen oft tödliche Hindernisse. Wie viele andere Vögel ist der Storch ein Zugvogel. Dies bedeutet, dass er den Sommer bei uns verbringt, um seine Jungen aufzuziehen. Den Winter über lebt er jedoch in einem wärmeren Land, das ihm ausreichend Nahrung bietet. Jede Vogelart hat ihr ganz bestimmtes Überwinterungsgebiet, das sie immer wieder aufsucht. Unsere Störche überwintern in Afrika.

Um diesem schönen Vogel helfen zu können, müssen wir sein Leben beobachten und kennen lernen. Damit auch du schon daran teilnehmen kannst, haben wir über lange Zeit verschiedene Storchennester ganz aus der Nähe beobachtet und das Leben und Treiben der Storchenfamilie fotografiert.

Ab Mitte März, wenn es bei uns Frühling wird, kehren die Weißstörche aus ihren Winterquartieren zurück zu uns nach Europa.

Zuerst erscheinen fast immer die Storchenmännchen, die nach einem langen Flug von weit über 10 000 Kilometern zielsicher meist wieder auf dem Nest landen, das sie im vergangenen Herbst verlassen hatten. Kaum sind sie gelandet, klappern sie auch schon laut mit dem Schnabel. Das heißt in ihrer Storchensprache: Dies ist nun wieder mein Horst. Von diesem Geklapper stammt übrigens der Beiname «Klapperstorch»!

Wenn dann nach einigen Tagen ein Weibchen ankommt, wird es mit heftigem Geklapper begrüßt.

Störche sind sehr orts- und nesttreu, deshalb finden meist auch die Paare des Vorjahres wieder zusammen.

Auch die Störchin beginnt schon bald zu klappern und beide trippeln aufgeregt auf dem Nest umher.

Hat sich die Störchin für das Nest und für den Storch entschieden, beginnt das Paar mit der sorgfältigen Prüfung und Ausbes-

serung der zukünftigen Storchen-Kinderstube. Jedes Jahr tragen die Vögel eine große Menge von Zweigen herbei. In einigen Jahren wird das Nest dabei so groß und schwer, dass es von den Menschen im Herbst, wenn die Störche wieder nach Süden geflogen sind, etwas verkleinert und abgestützt werden muss. Sonst könnten nämlich Hausdächer oder Schornsteine leicht unter dem großen Gewicht einstürzen.

In der Zeit des Nestbaus, aber auch noch danach, muss das Storchenpaar gut auf andere Störche in der Nachbarschaft aufpassen. Nur zu gern stehlen sie nämlich in einem unbewachten Augenblick Nistmaterial. Manchmal versuchen sie sogar, fremde Nester für sich selber zu erobern. So können sie sich sprichwörtlich „ins gemachte Nest setzen"! Meist bleibt deshalb immer einer der beiden Störche auf dem Nest, während der andere Nistmaterial herbeischafft. Versucht trotzdem ein fremder Storch einen Angriff, so kommt es oft zu langen Kämpfen am Horst oder in der Luft. Es kann dabei passieren, dass bereits gelegte Eier aus dem Nest fallen und zerbrechen.

Wenn der «Rohbau» des Nestes vollendet ist, tragen die Störche zur Auspolsterung Grassoden, Heu, Moos, Federn, Stoffreste, ja sogar Plastiktüten herbei. Geschickt arbeiten die Vögel alles in das bereits vorhandene Nest oder in die von Menschen gefertigte künstliche Nestunterlage ein. Dazwischen findet immer wieder eine Paarung statt, bei der der Storch dem Weibchen seinen Samen einspritzt. Erst dann kann die Störchin befruchtete Eier legen, in denen sich die kleinen Störche entwickeln. Zur Paarung fliegt das Männchen auf den Rücken des stehenden Weibchens.

Sobald das Nest fertig ist, legt die Störchin das erste Ei hinein.

Die Eier sind reinweiß, nur wenig glänzend und etwa so groß, wie sie hier abgebildet sind. Alle zwei Tage legt die Störchin solch ein großes Ei, insgesamt zwei bis fünf Eier. Nachdem sie zwei Eier gelegt hat, beginnt sie meistens schon zu brüten. Sie setzt sich auf das Gelege und hält die Eier mit ihrem Gefieder schön warm. 33 Tage, also etwas über einen Monat, dauert das Brüten. Storch und Störchin lösen sich dabei ab, sodass das Nest nie ungeschützt ist und jeder dazu kommt sich mit Futter zu versorgen.

erkennbar, dann der ganze Schnabel und ein Flügel. Dann muss der kleine Storch erst wieder ausruhen, denn das Schlüpfen ist anstrengend. Beim nächsten Versuch muss er seinen Kopf aus dem Ei herausbringen.

Nach 33 Tagen schlüpft das erste Junge. Zuerst ist nur ein winziges Loch in der Eischale zu sehen. Langsam wird es größer und am stumpfen Ende des Eis wird von innen ein richtiger Deckel abgehoben. Mit seinem spitzen Eizahn - einem kleinen Horngebilde auf der Oberseite des Schnabels, das ein paar Tage nach dem Schlüpfen abfällt - öffnet das Störchlein die Eischale. Immer wieder bewegt und streckt sich der kleine Vogel. Ein Füßchen wird

Er hat es geschafft! Müde und erschöpft sinkt er auf den Nestboden. Der Kopf scheint für den dünnen Hals viel zu groß zu sein. Der kleine Schnabel ist nicht lang und rot wie bei den alten Störchen. Ganz nass sind die Federn am Kopf und man kann sich nur schwer vorstellen, dass aus diesem «Häuflein» mal ein großer Storch werden wird. Doch nun beginnt der Kleine, mit den kräftigen Beinen zu arbeiten. Stück für Stück schiebt er seinen Körper aus der Eischale heraus.

Endlich ist auch das geschafft: In zwei Teilen liegt die Eischale im Nest und der kleine Storch daneben. Plump und eiförmig sieht sein Körper aus. Beim Ausschlüpfen wiegt ein Störchlein ungefähr 65 bis 80 Gramm, etwa so viel wie zwei kleine Hühnereier. Seine ersten feinen Flaum- oder Daunenfedern sind noch verklebt. Auch die Augen sind noch geschlossen. Doch bald wird er sie öffnen.

Nun beginnen die Eltern das Junge zu «hudern», zu pflegen und zu wärmen. Ganz vorsichtig, als wäre es noch das zerbrechliche Ei, setzen sie sich über ihr

Neugeborenes und halten es so warm und trocken.

Mit jeweils einem Tag Abstand schlüpfen dann meist die weiteren Jungen. Leider werden aber nicht alle von ihnen überleben. Manche sind zu schwach oder das Futter reicht nicht für alle aus.

Die Altstörche bringen ihnen nun kleine Beutetiere zu fressen: Regenwürmer, Käfer, Heuschrecken und andere Insekten, die sie auf den Wiesen in der Umgebung fangen. Vorsichtig werden die Störchlein damit gefüttert und wachsen nun schnell heran.

Nach einem Tag sieht der kleine Storch schon etwas anders aus: Seine weißen Flaumfedern sind getrocknet und er kann auch seinen schweren Kopf schon einige Zeit aufrecht halten. Sieht man den Storch im Vergleich zu dem im Hintergrund liegenden Ei, kann man sich kaum vorstellen, dass er darin Platz gehabt hat! In den nächsten Tagen wächst das Störchlein sehr schnell, aber es sind auch die gefährlichsten Tage. Kaltes und nasses Wetter können das Nest in ein

tödliches Schlammbad verwandeln. Aber auch manche Krähe wartet nur auf einen unbewachten Moment um ein Störchlein zu ergreifen. Nicht zu vergessen ist auch die Sonne: Wenn sie gar zu heiß scheint, kann sie den Kleinen sehr schaden. Des-

halb hält in den ersten Tagen immer ein Altstorch bei dem Nest Wache, hudert und gibt den Jungen Schatten. Erst, wenn sie groß genug sind und viel mehr Nahrung brauchen, verlassen beide Eltern für längere Zeit den Horst.

Obwohl wir Menschen den Storch eigentlich doch mögen, haben wir in den letzten Jahrzehnten viel dazu beigetragen, ihm sein Leben in unserer Landschaft immer schwerer zu machen. Deshalb wird er von Jahr zu Jahr seltener und immer weniger Störche kehren aus Afrika zu uns zurück. Wo sich früher feuchte Wiesen ausdehnten, zwischen denen kleine Bäche plätscherten, stehen heute Wohnsiedlungen oder liegen trockene, staubige Felder. Hier findet der Storch nicht mehr genug Nahrung. Viele Storchenkinder müssen sterben und höchstens ein oder zwei Junge verlassen als ausgewachsene Störche das Nest.

Wenn sie ein so schönes Gebiet finden, wie auf diesem Bild, so werden sie keinen Mangel haben. Dort gibt es immer genügend Futter: Frösche, Wasserkäfer, Fische und vieles mehr. Ganz in Sicherheit kann der Storch aber trotzdem nicht leben: Der Weg nach Afrika ist weit und überall lauern Gefahren. Bei uns in Europa droht den Störchen der Tod durch Hochspannungsleitungen; viele stürzen in Fabrikschornsteine. Haben sie es erst einmal bis nach Afrika geschafft, drohen dort neue Gefahren, sie werden gejagt und abgeschossen.

Dass der Weißstorch Frösche fängt, weißt du schon. Aber allein davon kann er auch nicht leben.

Langsam, hoch erhobenen Kopfes schreitet der Storch auf langen Beinen durch die Wiesen, um mit seinem spitzen, ungefähr 15 bis 20 Zentimeter langen, roten Schnabel plötzlich zuzustoßen und vielleicht eine Heuschrecke, eine Maus oder gar eine Schlange zu fangen und zu verschlucken.

Störche haben, wie viele andere Vögel, einen so genannten Kropf im Hals. Das ist eine Art Aufbewahrungsbeutel für die Nahrung, die der Vogel später an seine Jungen verfüttert, indem er sie wieder hervorwürgt. Erst, wenn der Kropf mit den verschiedensten Nahrungstieren gefüllt ist, kehrt der Altstorch zu seinem Horst zurück, wo ihn die hungrigen Jungen schon sehnsüchtig und bettelnd erwarten.

Hat der Vogel keine Jungen zu füttern, schluckt er die Nahrung aus dem Kropf weiter hinunter in den Magen.

Rechts sind einige der Beutetiere abgebildet, die der Storch in der Wiese erbeuten kann, bevor er damit zu seinen hungrigen Jungen fliegt.

Links oben eine Zauneidechse, *darunter* ein Grasfrosch, *in der Mitte unten* eine Heuschrecke, *rechts oben* eine Maus, *darunter* eine Ringelnatter.

Regnet es viel, sind die Störchlein nach kurzer Zeit nicht mehr weiß, sondern schmutzig grau. Sie sind mit Erde aus dem Horstboden ganz verschmiert. Oft sitzt dann einer der Altvögel bei den Jungen um sie zu wärmen und zu trocknen.

Er breitet seine großen Flügel wie eine schützende Decke über seine Jungen. Würde er das nicht tun, könnten die kleinen Störche krank werden.
Wie winzig klein so ein Storchenbaby ist, kannst du auf dem Bild rechts sehen.

Während ein Altvogel auf Nahrungssuche ist, nutzt der andere die Zeit der Wache um sich einer ausgiebigen Gefiederpflege hinzugeben. Ein sauberes Gefieder ist für jeden Vogel nämlich sehr wichtig, ja lebensnotwendig. Jede einzelne Feder wird durch den Schnabel gezogen, gereinigt und wieder vorsichtig an ihren Platz gestochert. Der Fuß dient dem Säubern all jener Stellen, wo der Schnabel nicht hingelangt.

Die jungen Störche wachsen nun «zum Zusehen». Bald kommt der Tag, an dem sie beringt werden. Dazu steigt ein Mann von der Vogelwarte, einem wissenschaftlichen Institut zur Erforschung des Lebens der Vögel, hinauf zum Storchenhorst. Hat er die Störchlein erreicht, legt er ihnen einen großen, aber leichten Metallring mit einer Nummer und dem Namen der Vogelwarte um ein Bein und biegt ihn mit der Zange zu. Wo auch immer der Storch nun beobachtet, gefangen oder tot aufgefunden wird, weiß man, wo er herkommt. Einen solchen Fund meldet man der Vogelwarte, von der der Storch beringt wurde. Die Wissenschaftler können erforschen, wie weit der Storch flog, wie lange er brauchte und vielleicht auch, auf welchem Weg er in sein Winterquartier fliegen wollte. Nur mit der Hilfe solcher Ringe konnte man feststellen, dass und wo unsere Störche in Afrika überwintern, aber auch, wie alt sie werden.

Bald sind die kleinen Störche so groß, dass sie im Nest stehen oder, wie die beiden links im Bild, auf den Unterschenkeln sitzen. Ihr Federkleid gleicht nun schon ziemlich dem der Eltern: Alle Schwungfedern sind schwarz, während das restliche Gefieder reinweiß ist.

Lange werden sie nun von ihren Eltern allein gelassen. Dösend, wie zwei alte Herren, sitzen die beiden Störche rechts auf dem Bild da und warten auf ihr Futter.

Bevor ein Storch sich eines Tages in die Luft erheben kann, muss er natürlich die Flügel trainieren. Immer wieder werden sie gestreckt und gespreizt, und alle frisch wachsenden Federn werden einer langwierigen Pflege mit dem Schnabel unterzogen. Mit Hilfe eines Fettes, welches von einer Drüse unterhalb des Schwanzes, der so genannten Bürzeldrüse, abgesondert wird, halten die Vögel die Federn geschmeidig und wasserabweisend.

Im Alter von etwa zwei Monaten ist für den kleinen Storch der große Moment gekommen. Er breitet dem Wind seine Flügel entgegen und wagt seinen ersten Flug. Er ist «flügge» geworden. Bis zum nächsten Schornstein hat er es schon geschafft. Noch ein bisschen wackelig steht er auf der ungewohnt glatten Fläche. Hin und wieder fallen die Störchlein auch von so einem Schornstein herunter, doch nur selten tun sie sich dabei weh. Hilfreiche Menschen setzen die Störche wieder auf das Dach hinauf, von wo sie immer größere Flüge unternehmen.

Damit der Weißstorch nicht ganz aus unserer Natur verschwindet, müssen wir uns alle bemühen, ihm zu helfen. Ist das Wetter schlecht und drohen die Jungen im Nest vor Nässe und Kälte zu sterben, so dürfen wir dies nicht wie früher, als es noch viele Störche gab, zulassen. Deshalb beobachten Vogelfreunde ständig die wenigen bei uns noch bestehenden Horste und holen bei Gefahr die kleinen Störche aus dem Nest. Sie bringen sie zu Storchenstationen, wo sie untersucht, gepflegt und mit geeignetem Futter versorgt werden. Manchmal passiert es, dass ein Storch während der Brutzeit umkommt. Der andere Altstorch allein kann aber die Eier nicht ausbrüten und später die Jungen ernähren. Zur Futtersuche muss er ja immer wieder das Nest verlassen. Und in dieser Zeit wären die Eier oder die Jungen ungeschützt. Deshalb greifen die Menschen in solchen Fällen ein. Die Eier werden in einem Brutschrank ausgebrütet, wo es warm und trocken ist.

Die Aufzucht eines frischgeschlüpften Storches ist für uns Menschen ziemlich schwierig, denn so ein Junges braucht eine Menge Zuwendung.
Storchenaufzucht- und Pflegestationen ermöglichen es uns, immer mehr Einzelheiten aus dem Leben der Störche zu erfahren, denn dort haben wir die beste Beobachtungsmöglichkeit. Aus der Nähe kann man zum Beispiel Laute von ihnen hören, die man sonst nie hören würde, etwa ein ganz leises Zischen, das manchmal dem Klappern vorausgeht oder bei der Abwehr von Feinden hörbar wird.

Aufmerksam und klug sieht «Adebar» aus, wenn er durch die Wiese schreitet, um Frösche, Mäuse und anderes Getier zu fangen. Oft bleibt er unvermittelt stehen, hält ein Bein ein wenig in die Luft und neigt lauschend den Kopf zur Seite. Plötzlich stößt er zu. Treffsicher hat der Storch etwas erbeutet und schluckt es in seinen Kropf hinunter. Auf diesem Bild kannst du übrigens den Metallring um sein linkes Bein gut erkennen.

Im weichen Erdboden sehen wir manchmal die Spur eines Storches: Sein Fußabdruck ist im Sand eingedrückt. Du erkennst die drei großen Zehen. Die zwischen ihnen befindlichen kleinen Schwimmhäute haben keinen Abdruck hinterlassen.

Störche gibt es auf der ganzen Welt, aber nur zwei Arten kommen in Europa vor: Außer dem Weißstorch ist es der nur in Wäldern lebende, sehr scheue und noch seltenere Schwarzstorch (auf dem großen Bild rechts).

Insgesamt gibt es noch 15 weitere Arten, zum Beispiel den afrikanischen Sattelstorch (links oben) und den Asien-Großstorch (oben rechts). Beide Arten sind sehr viel größer als unser Weißstorch. Wenn man einen Zoo oder Vogelpark besucht, kann man dort meist auch noch andere interessante Störche finden und betrachten.

Der Bunt-Waldstorch *(oben)* lebt im tropischen Asien. Man erkennt ihn an seinem gelben Schnabel und der nackten, rötlich-orange gefärbten Gesichtshaut. Das Gefieder ist quer über die Brust schwarzweiß gemustert.

Obwohl er dem Weißstorch gar nicht ähnelt, ist auch der Schuhschnabel *(rechts)* ein Storch. Sein Gefieder ist blaugrau und sein kräftiger Schnabel erinnert uns an einen Holzschuh. Er lebt in den afrikanischen Sümpfen so versteckt, dass man ihn erst vor ungefähr 100 Jahren entdeckte.

Im tropischen Afrika ist der Afrikanische Marabu zu finden *(links)*. Er trägt einem nackten auffälligen Kehlsack am Hals, den er aufbläst, wenn er satt und zufrieden ist. Der Marabu lebt gern in der Nähe von Dörfern und betätigt sich dort als Aufräumer und Straßenkehrer.

Im August ist auch der letzte Jungstorch flügge geworden. Noch kehren die Jungen regelmäßig zum Nest zurück und werden von den Eltern in den nächsten zwei Wochen weiter mit Futter versorgt. Doch bald kommen sie ohne die Fürsorge der Eltern aus. Sie beginnen nun unruhig zu werden. Immer wieder stehen größere Gruppen zusammen auf den Wiesen oder kreisen so hoch in den Himmel hinauf, dass wir sie kaum noch sehen können.

Von so einem Flug kommen sie eines Tages nicht mehr zurück - ihre erste große Reise nach Afrika hat begonnen, sie ziehen über Tausende von Kilometern in ihre Winterquartiere. Auf ihrer ersten großen Reise werden die Jungstörche oft auch von den Altstörchen geleitet, die mit ihrem Aufbruch nach Süden den allgemeinen «Wegzug» erst so richtig in Gang bringen. Vögel kennen die Stellung der Sonne und der Sterne und orientieren sich daran. Außerdem fühlen sie das Magnetfeld der Erde und haben damir eine Art eingebauten Kompass.

Störche, die im Osten Deutschlands und in Osteuropa brüten, nehmen andere Wege als jene aus dem westlichen Deutschland und Westeuropa, auch wenn alle letztendlich nach Afrika ziehen.

Wo sonst den ganzen Sommer über das laute Storchenge-
klapper zu hören war, wird es nun im Herbst sehr still, wenn
die Störche verschwunden sind. Wir hoffen, dass eines Tages
im Frühjahr dieses schöne Klappern plötzlich wieder ertönt
und sich die Nachricht vom ersten, wieder heimgekehrten
Storch verbreitet. Wir freuen uns, wenn es nicht still im Stor-
chennest bleibt. Auch du kannst dich bemühen, die Umwelt
zu beschützen und zu bewahren. Zusammen können wir
dazu beitragen, den Lebensraum des Storches zu erhalten.

Zugwege und Überwinterungsgebiete des Weißstorchs

Störche, die im Sommer mehr im östlichen Teil Europas und Deutschlands brüten, fliegen auf ihrem Zug im Herbst über Istanbul und den Bosporus zuerst in die Türkei und dann weiter über Israel und Ägypten nach Ost- und Südafrika.

Störche aus dem westlichen Teil Europas und Deutschlands dagegen, nehmen den Weg über die Straße von Gibraltar – der Meerenge zwischen Spanien und Marokko – um dann weiter in Teile West- und Zentralafrikas zu gelangen.

Mit Hilfe des Sonnenstandes und dem inneren «Wissen», wohin sie fliegen müssen, begeben sie sich in die richtige Himmelsrichtung.

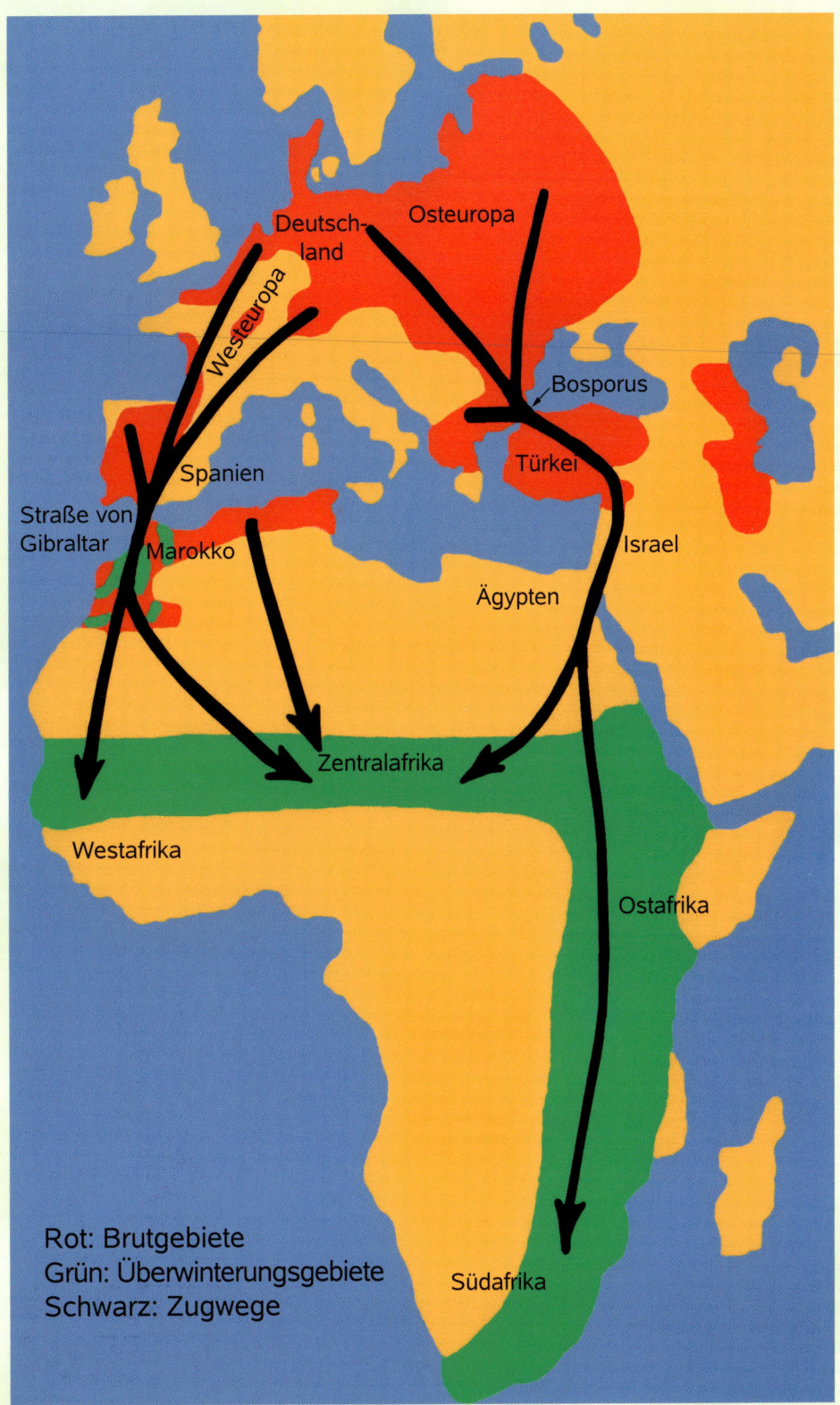

Rot: Brutgebiete
Grün: Überwinterungsgebiete
Schwarz: Zugwege

Weißstörche im afrikanischen Winterquartier